Nombre: ....

Alfabeto

A a

Abeja

A A A A A A

A A A A A A

a a a a a a

a a a a a a

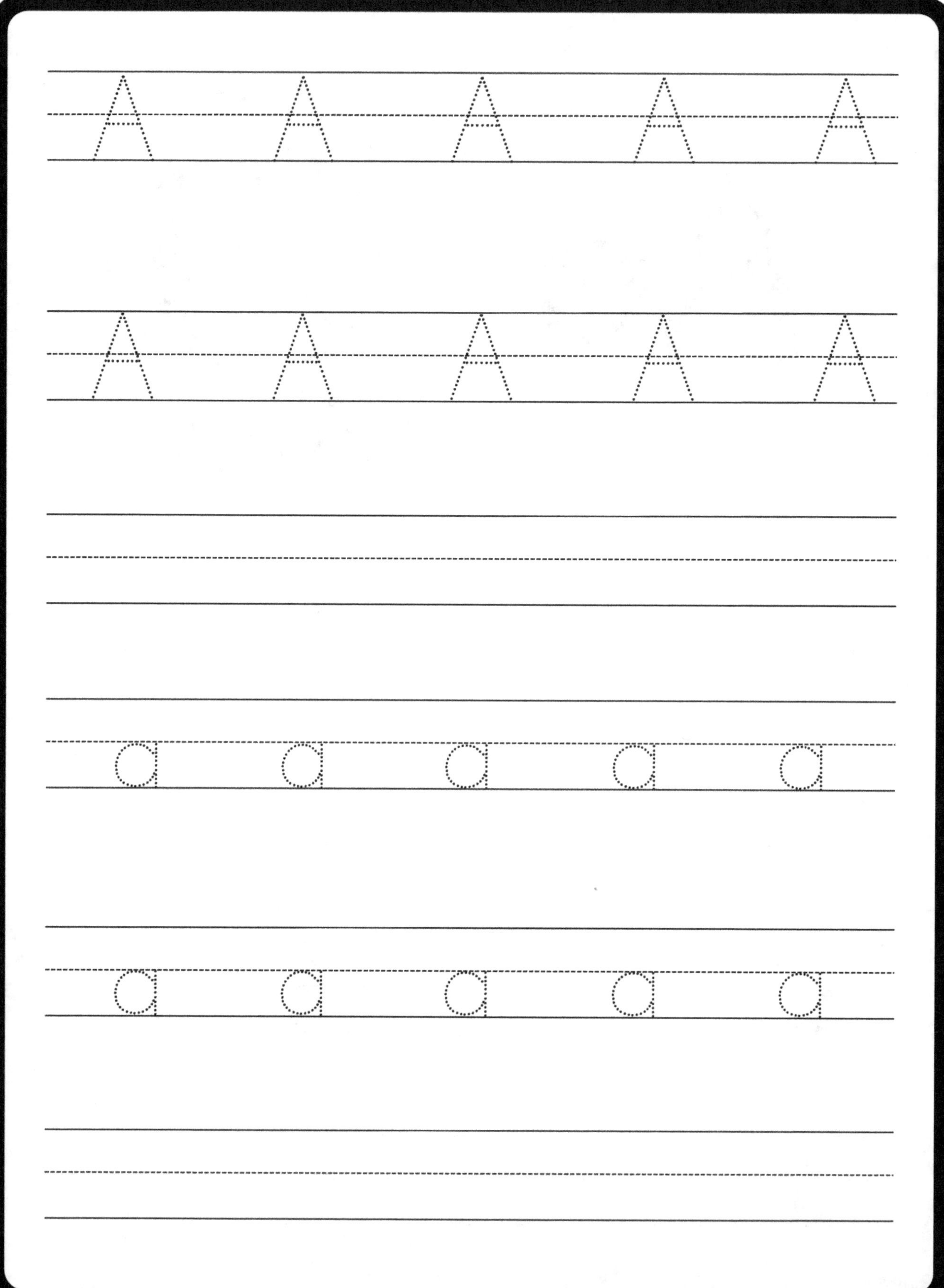

Bb

Barco

B B B B B

B B B B B

b b b b b

b b b b b

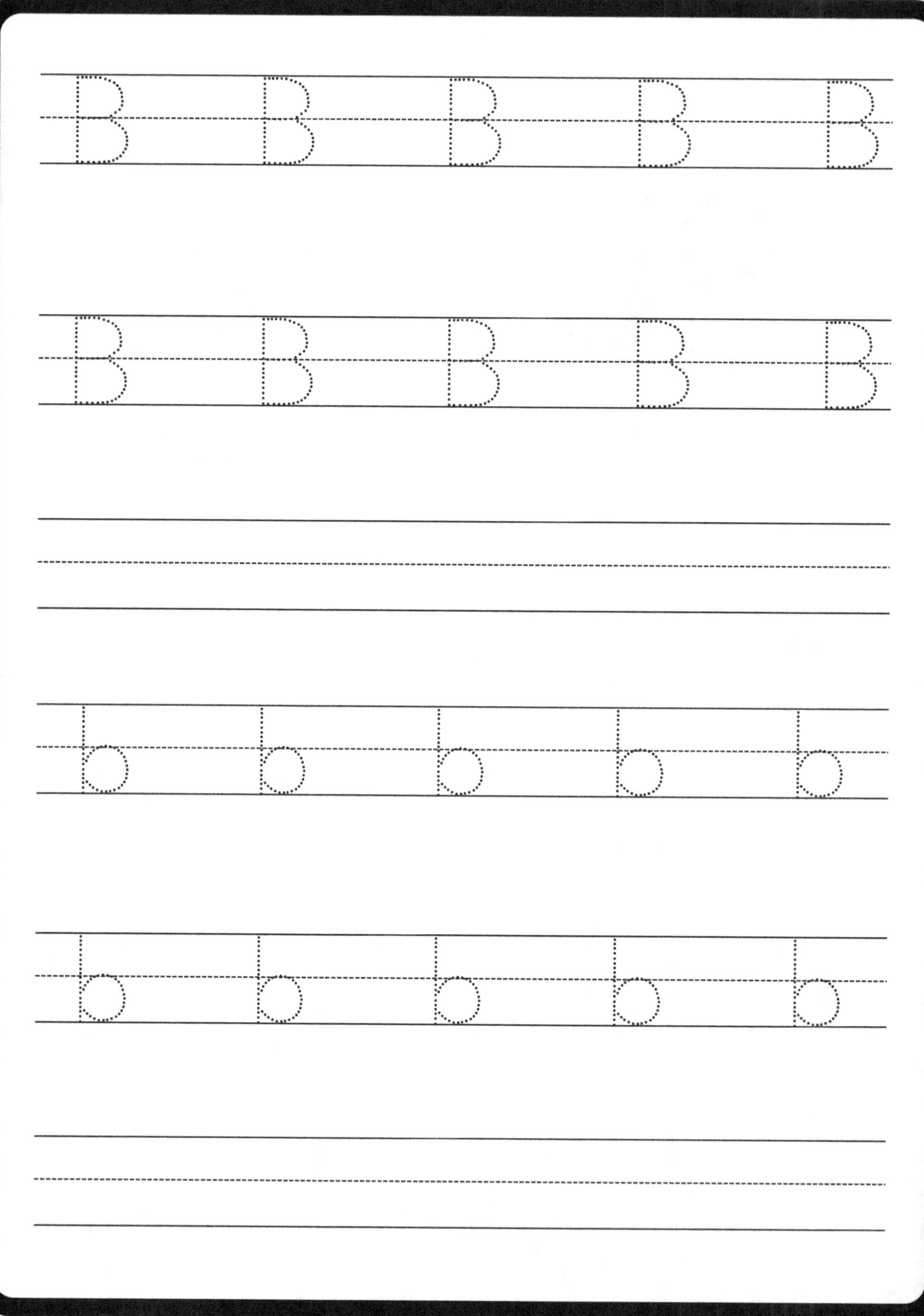

C c

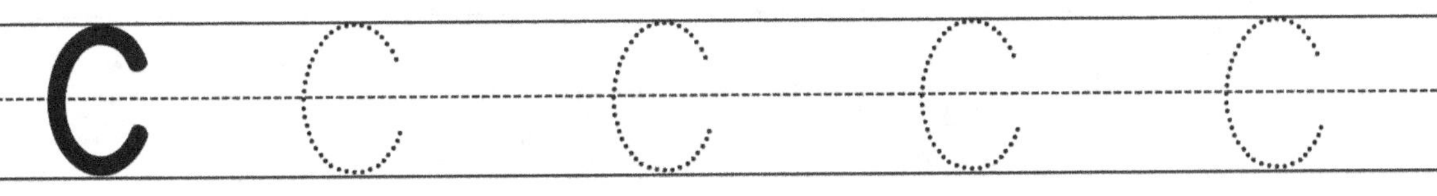

Calcetín

C   c   c   c   c

C   C   C   C   C

c   c   c   c   c

c   c   c   c   c

D d

Dinero

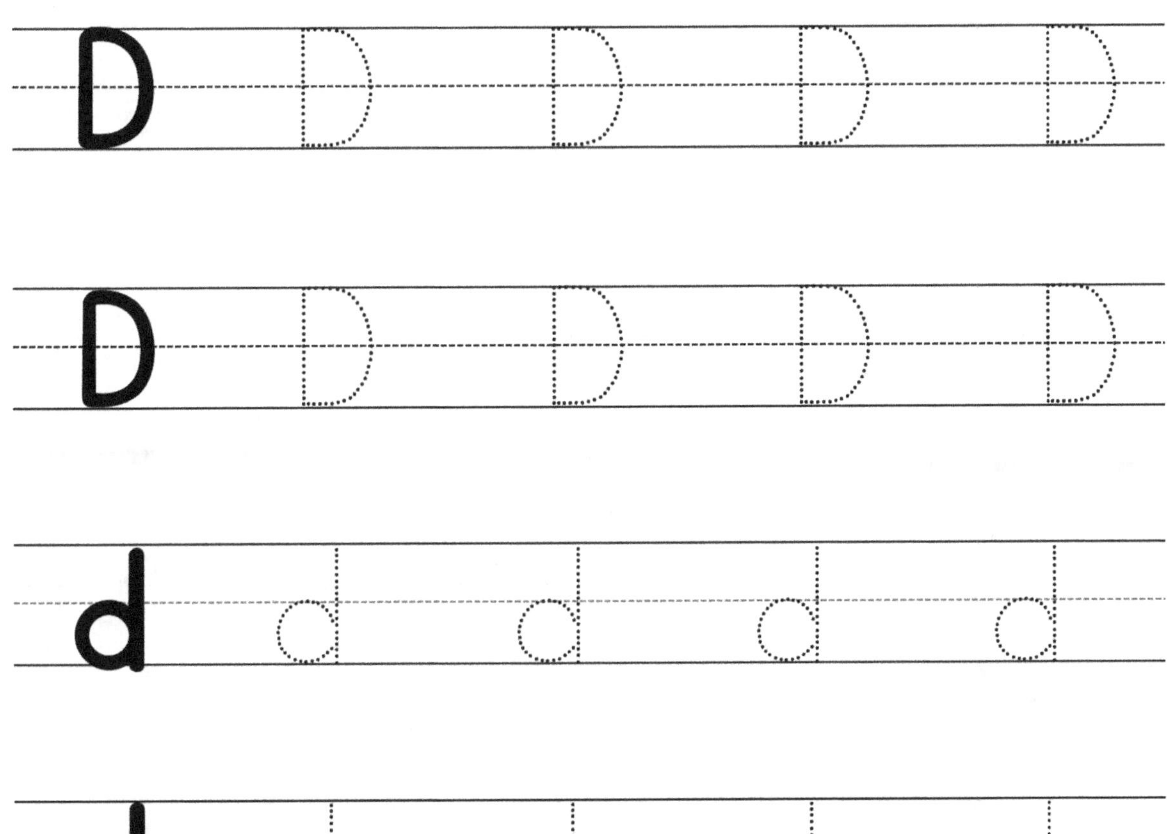

Ee

Elefante

E 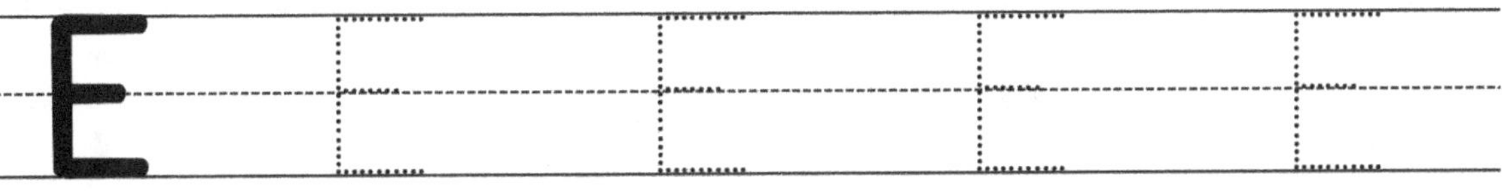

E

e 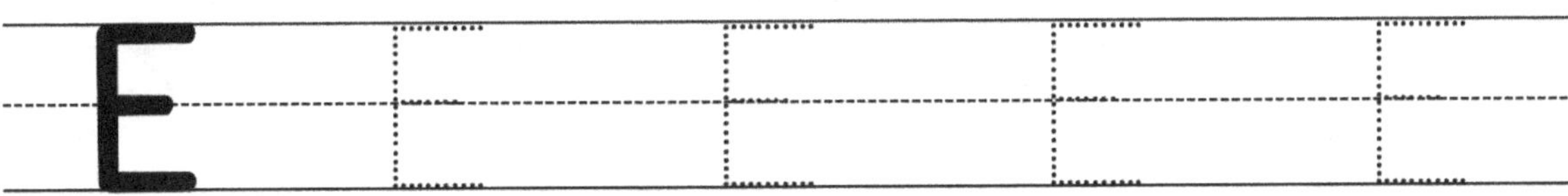

e

F f

Flauta

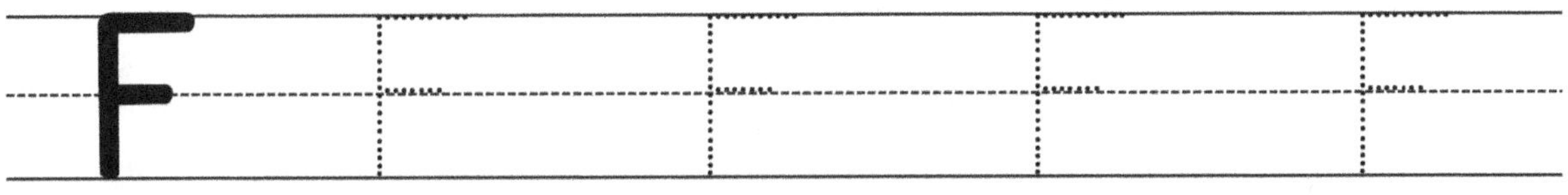

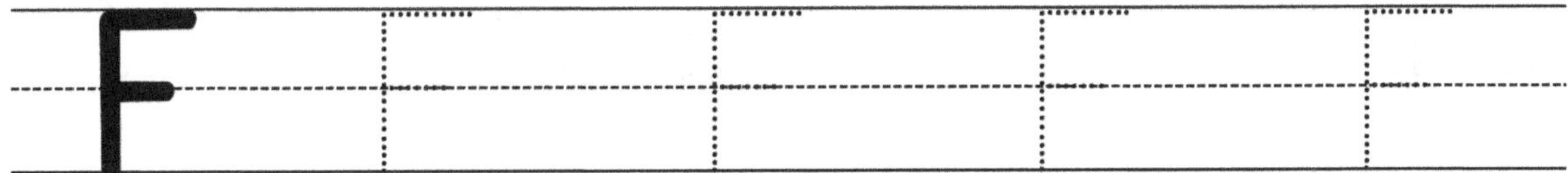

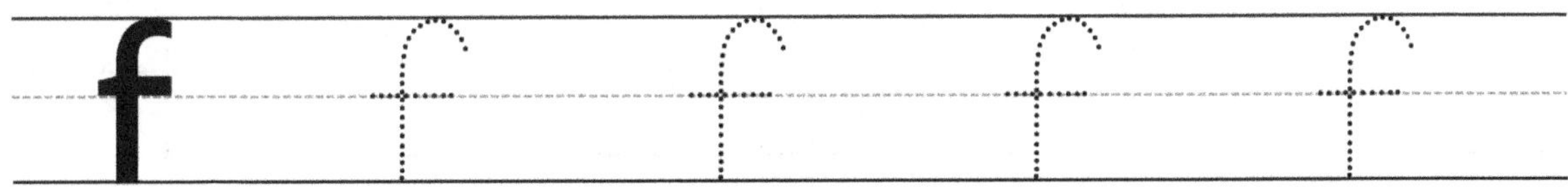

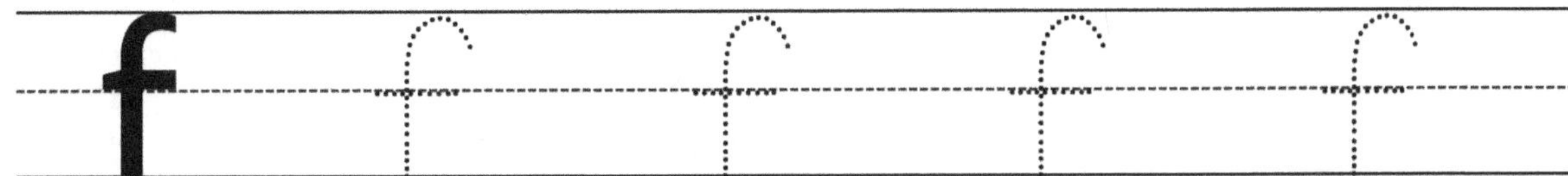

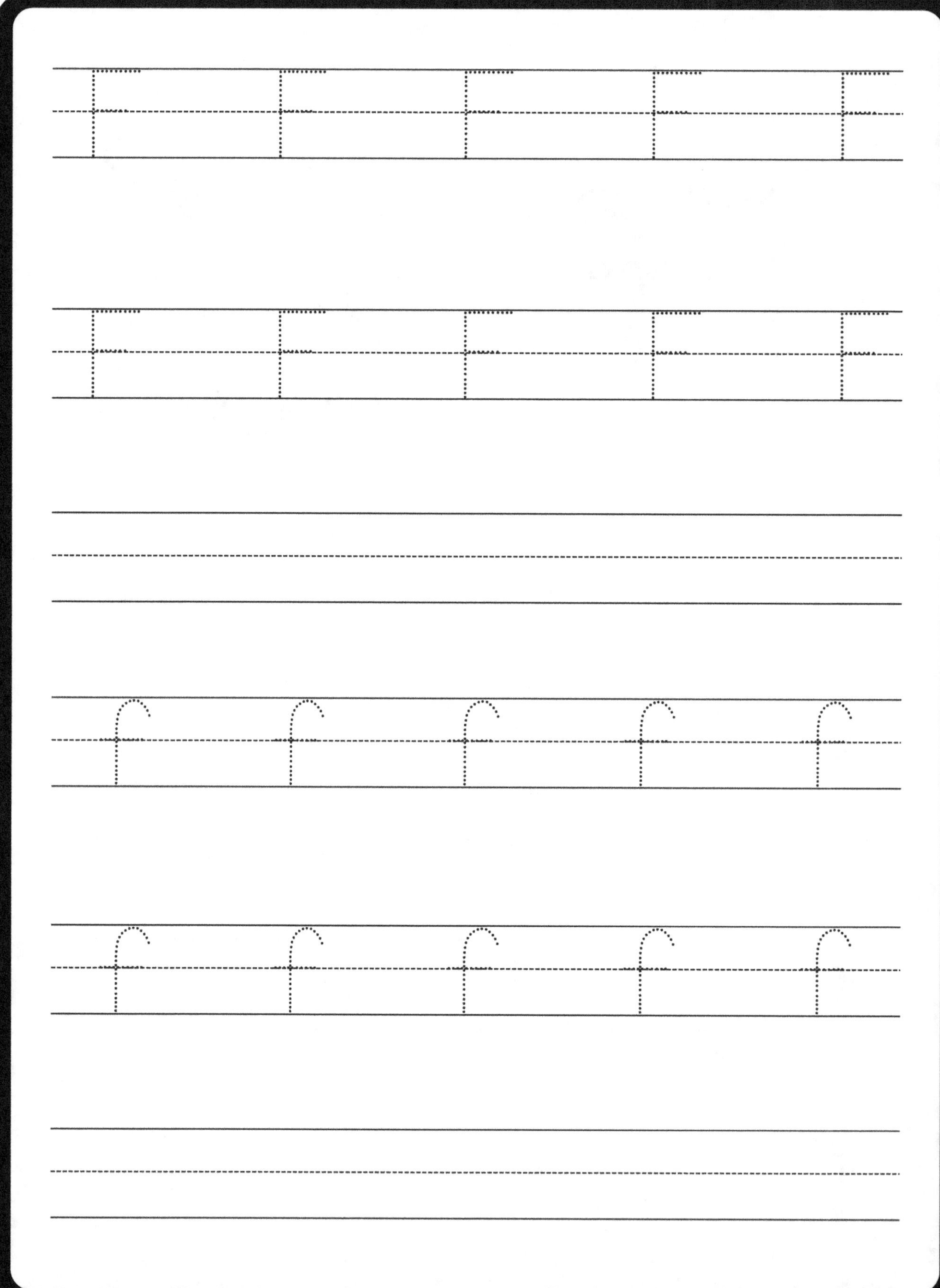

Gg

Gato

G   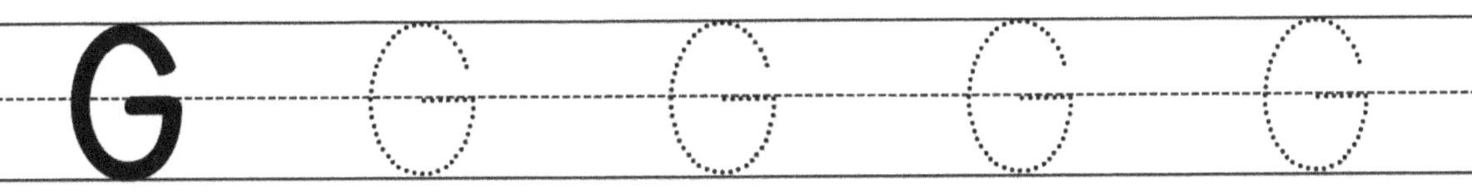

G   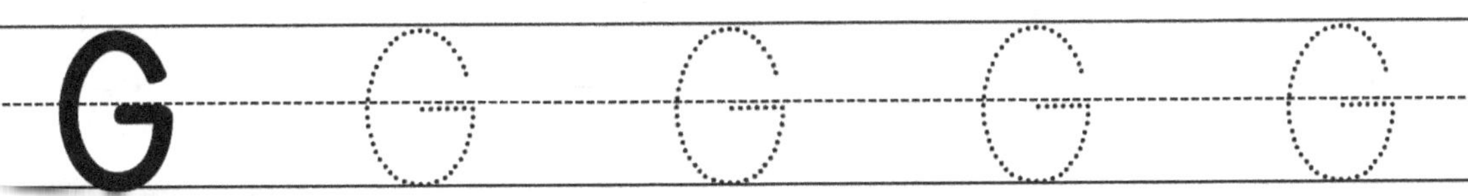

g

g

Hh

Hiena

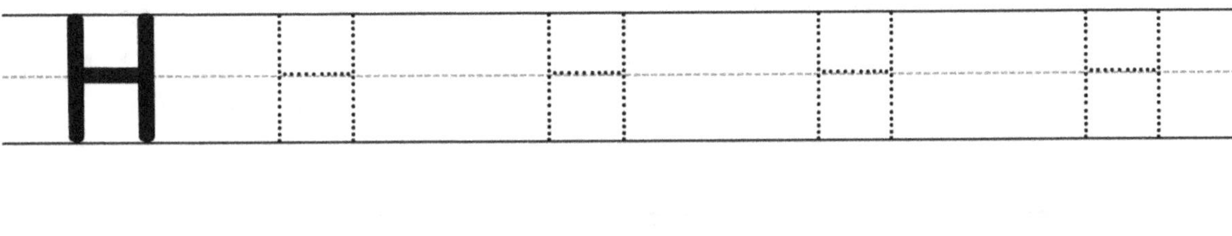

H

H

h

h

I i

Iglú

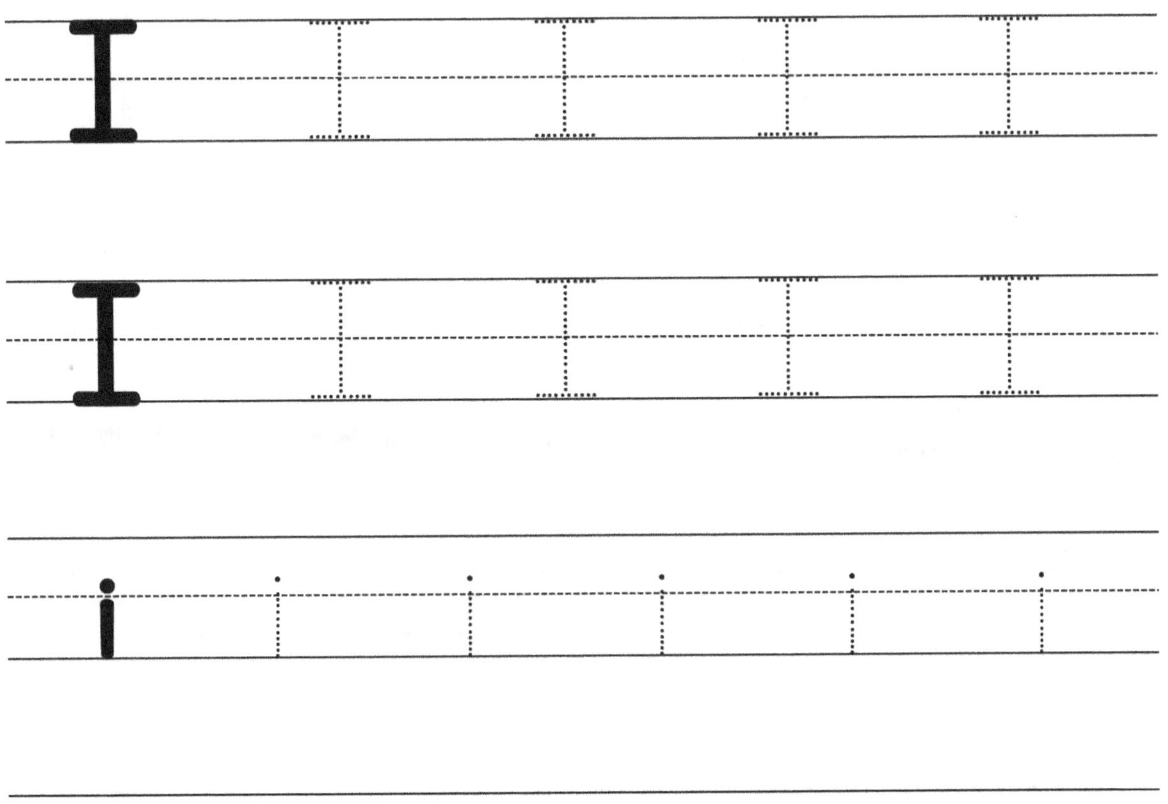

Jj

Jaguar

J

J

j

j

K k

Kimono

Ll

Limón

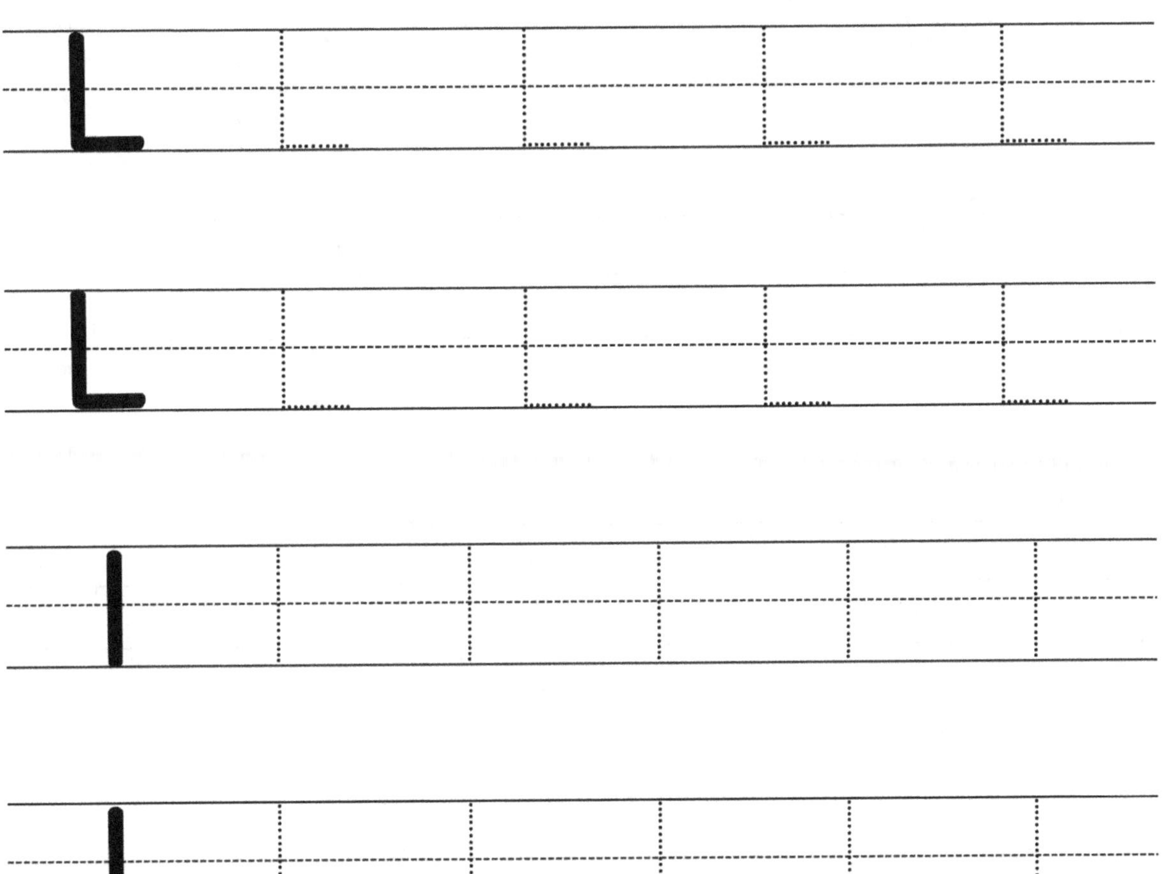

Mm

Mamá

M | M M M M M

M | M M M M M

m | m m m m m

m | m m m m m

Nn

Nido

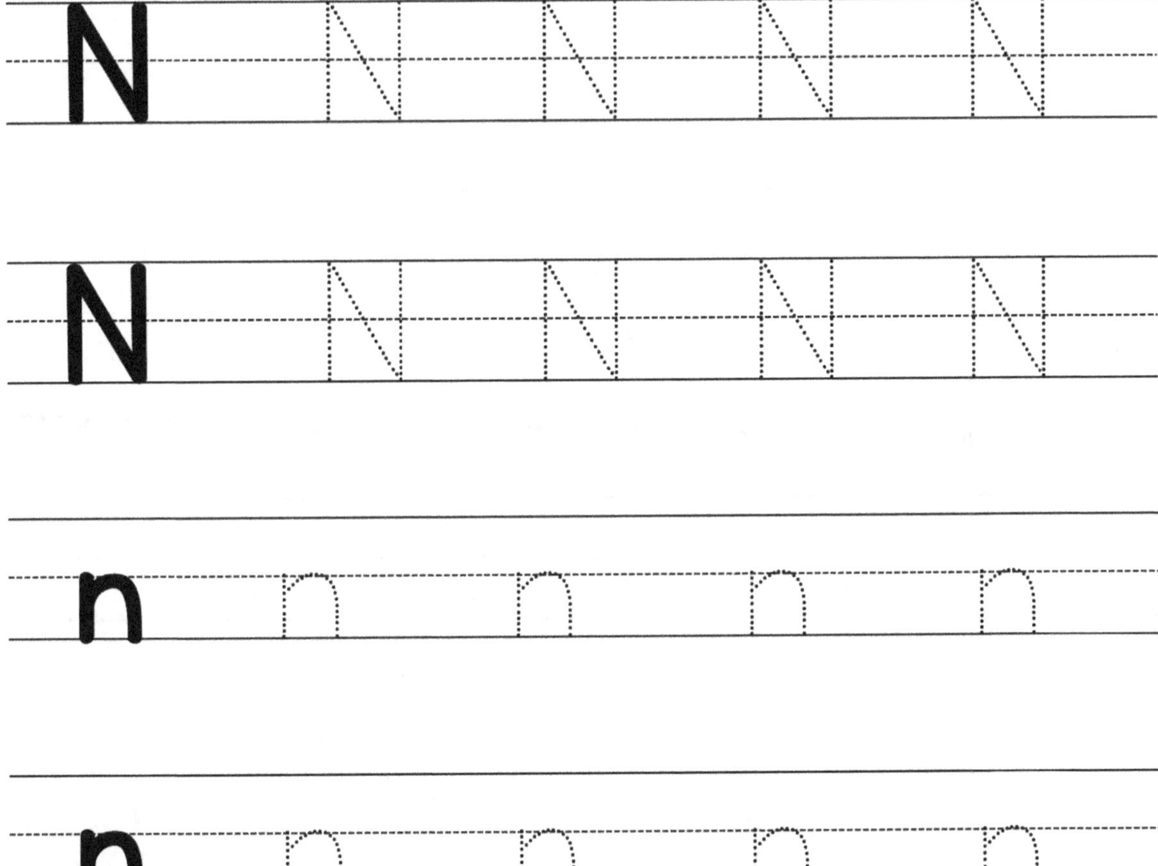

N

N

n

n

Ññ

Ñu

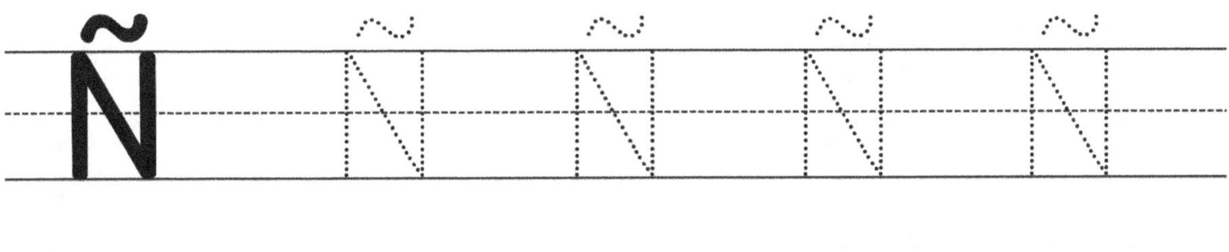

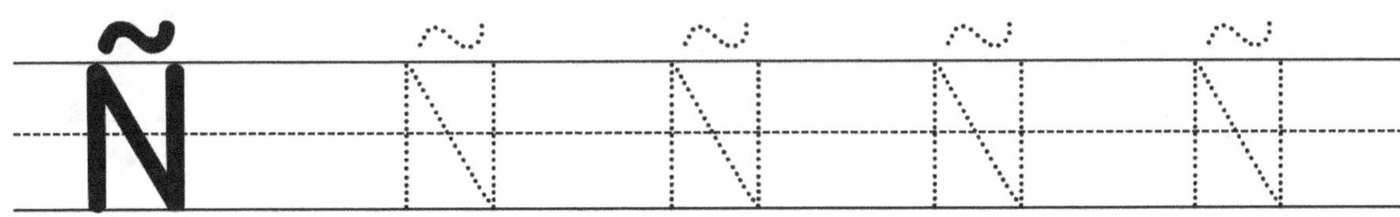

Oo

Orangután

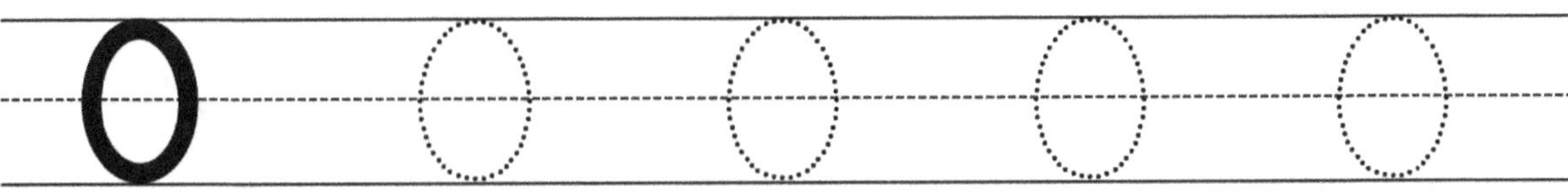

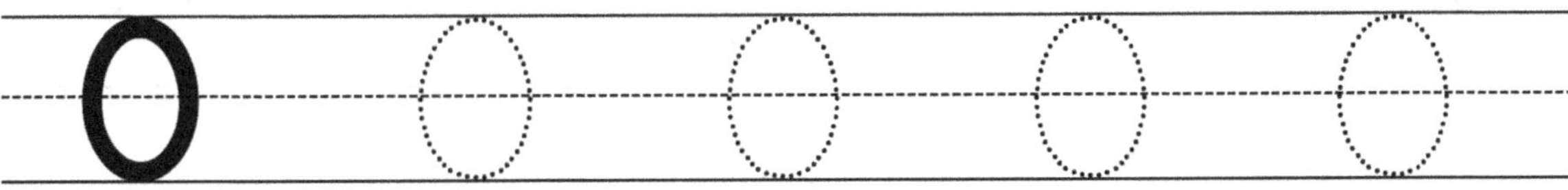

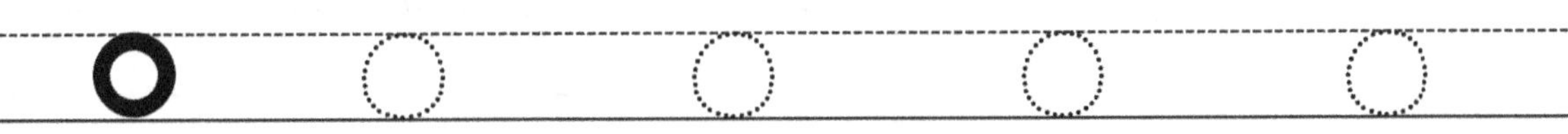

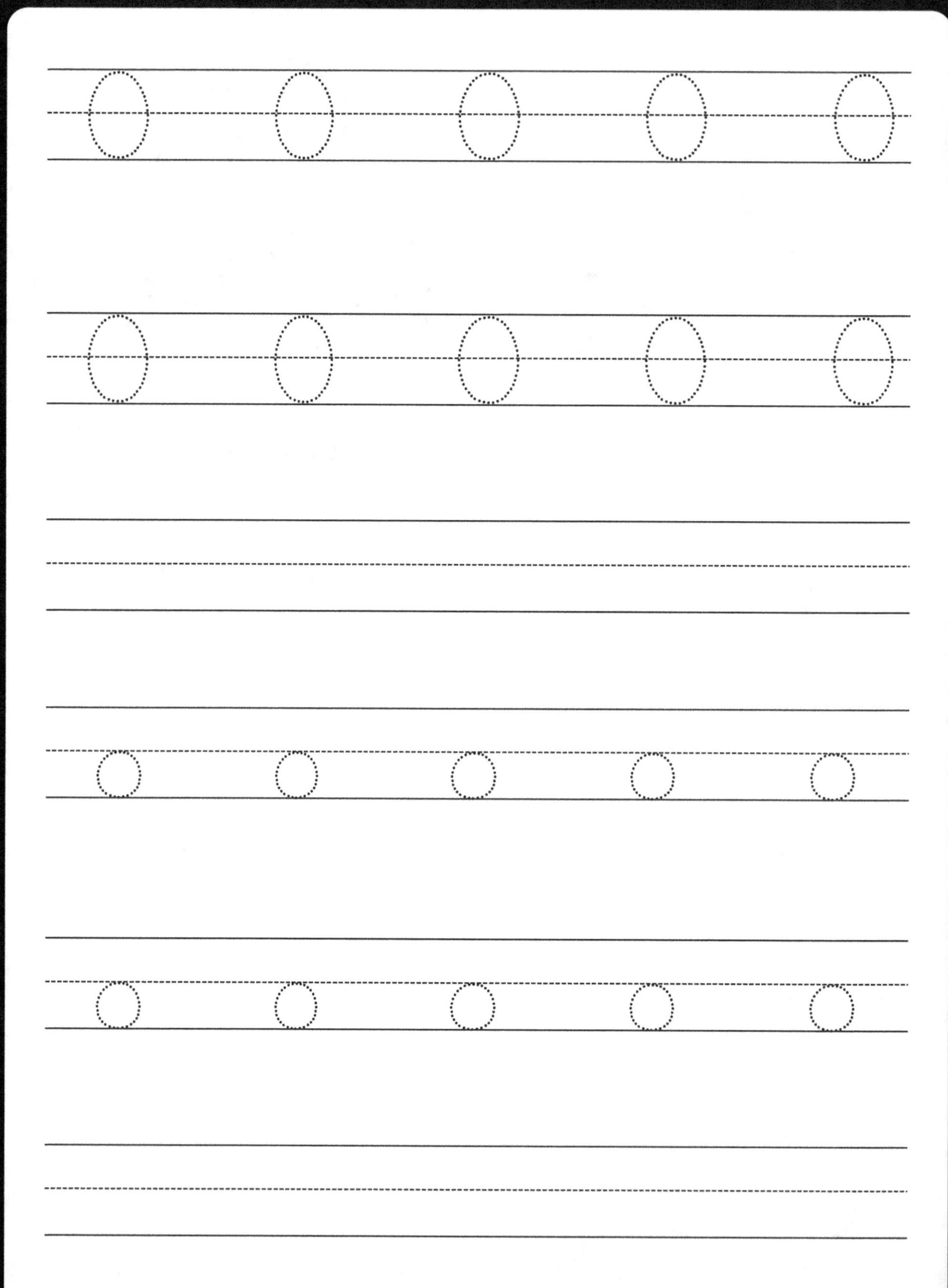

P p

Panda

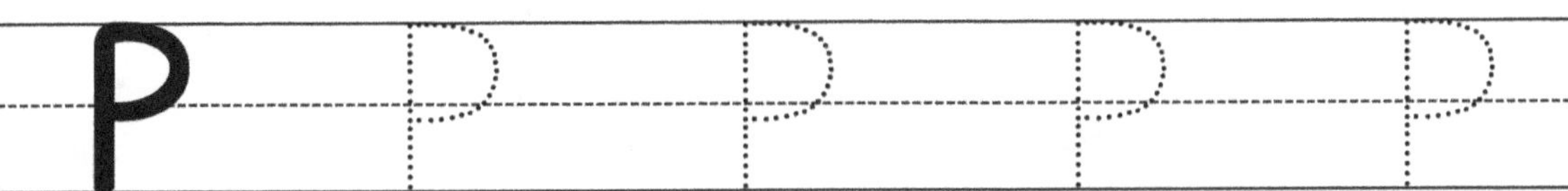

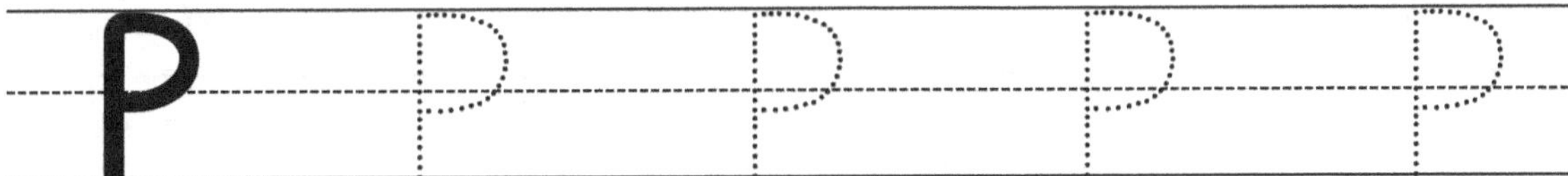

P P P P P

P P P P P

p p p p p

p p p p p

Q q

Quinqué

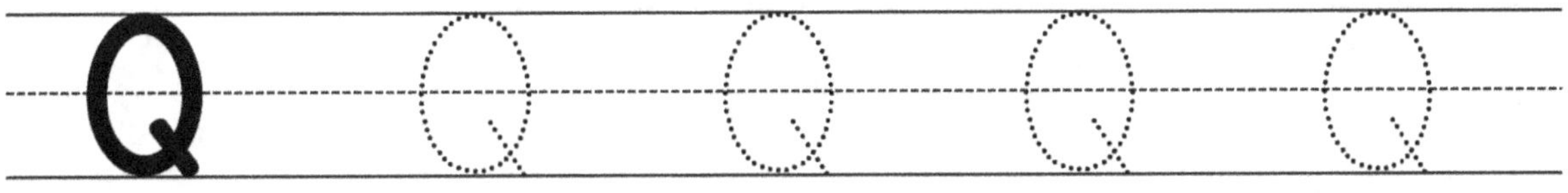

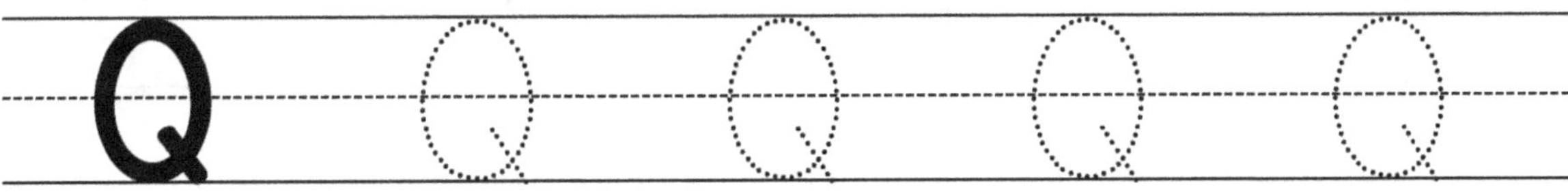

R r

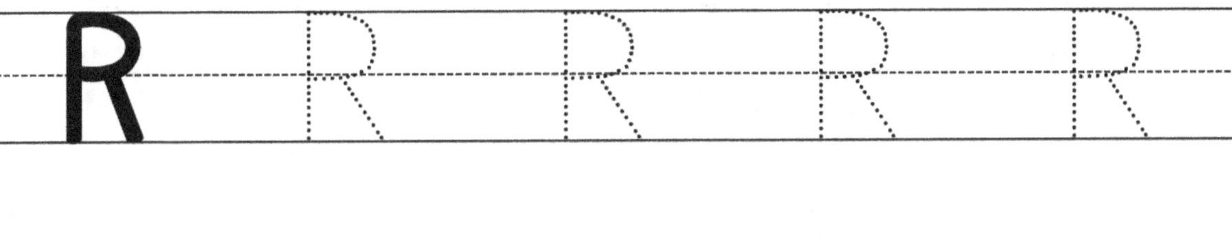

R R R R R

R R R R R

r r r r r

r r r r r

S s

Sapo

S

S

s

s

T t

Tetera

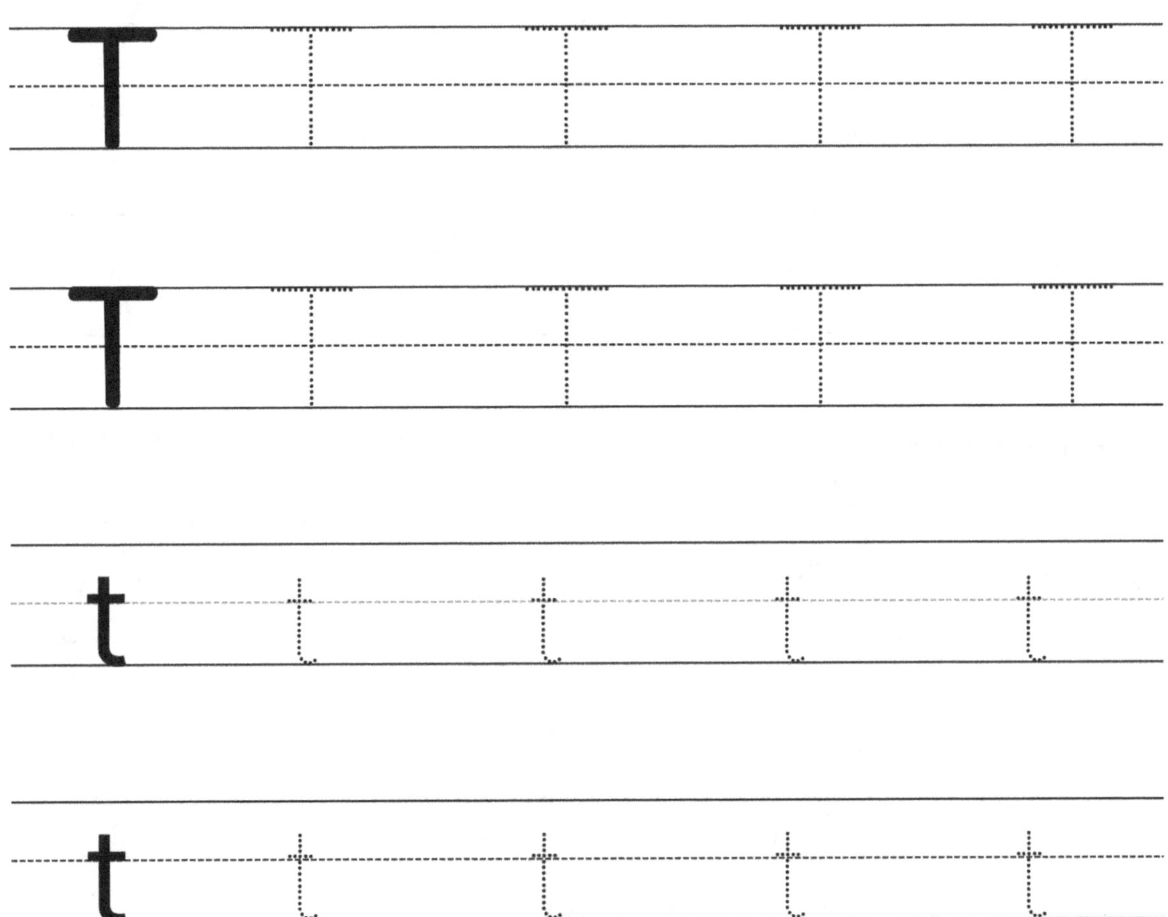

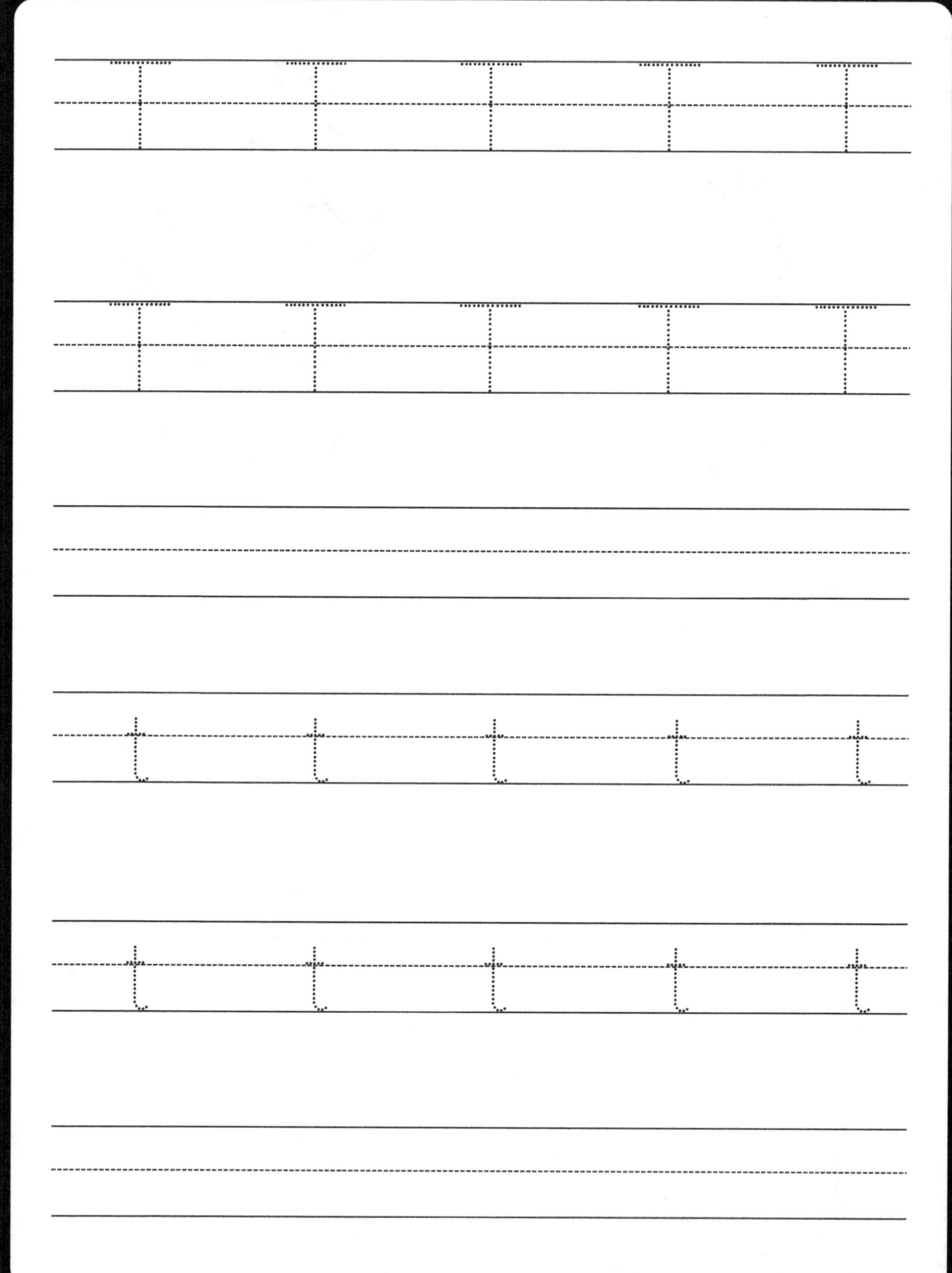

U u

Uvas

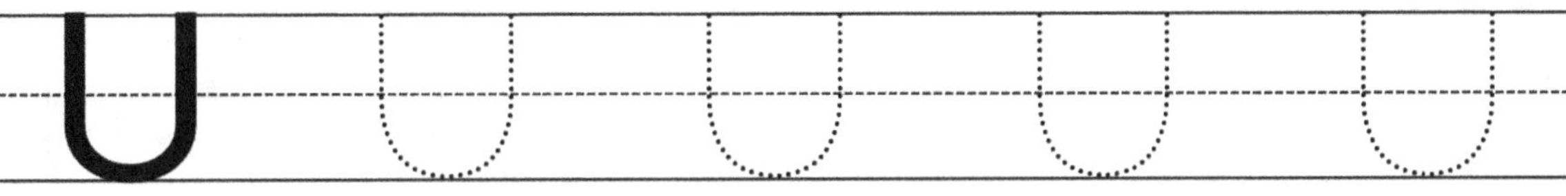

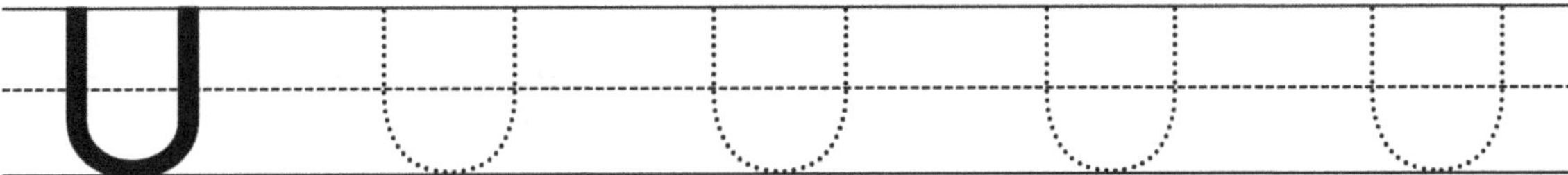

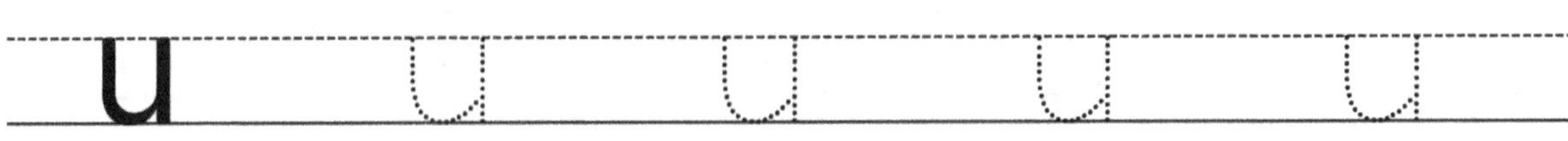

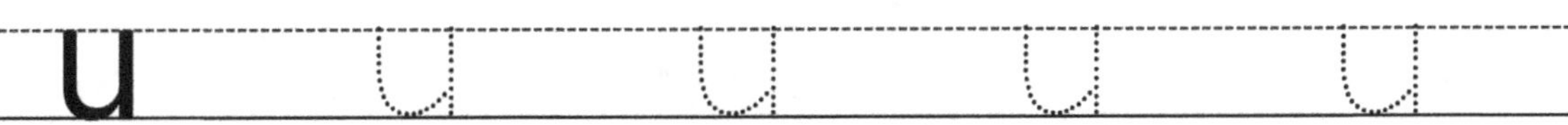

V v

Vegetales

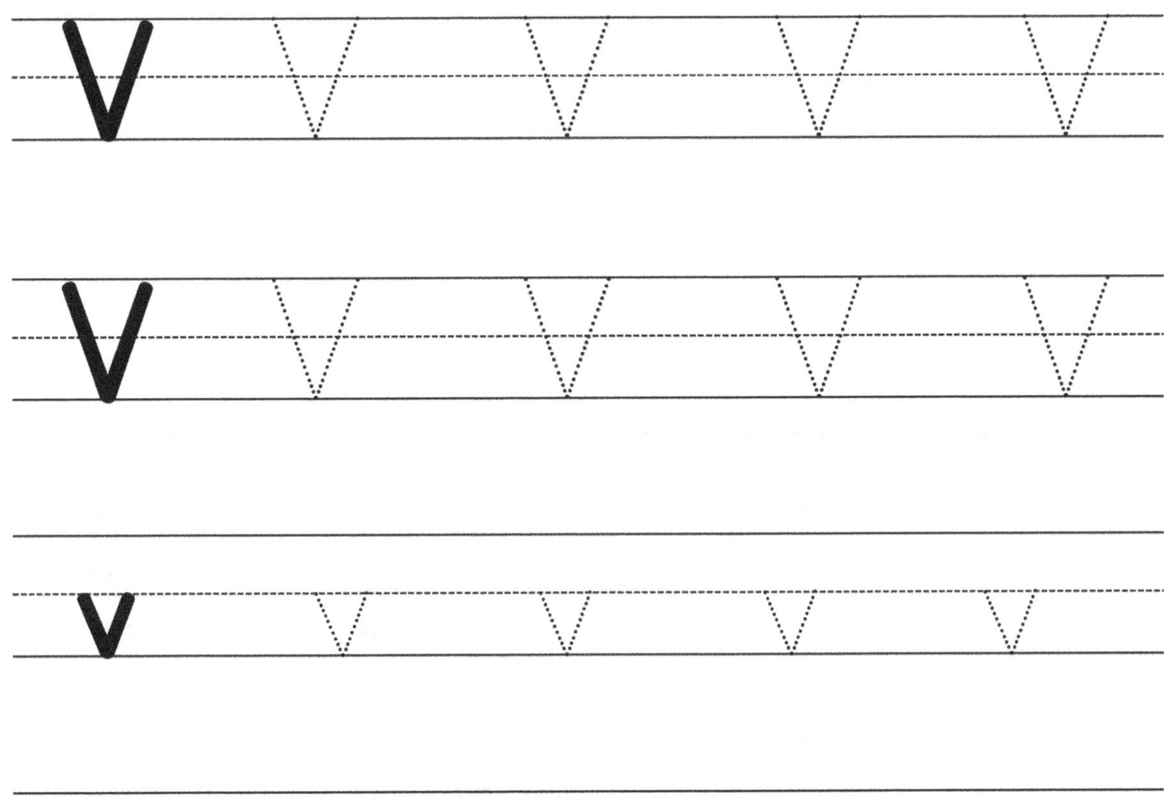

Ww

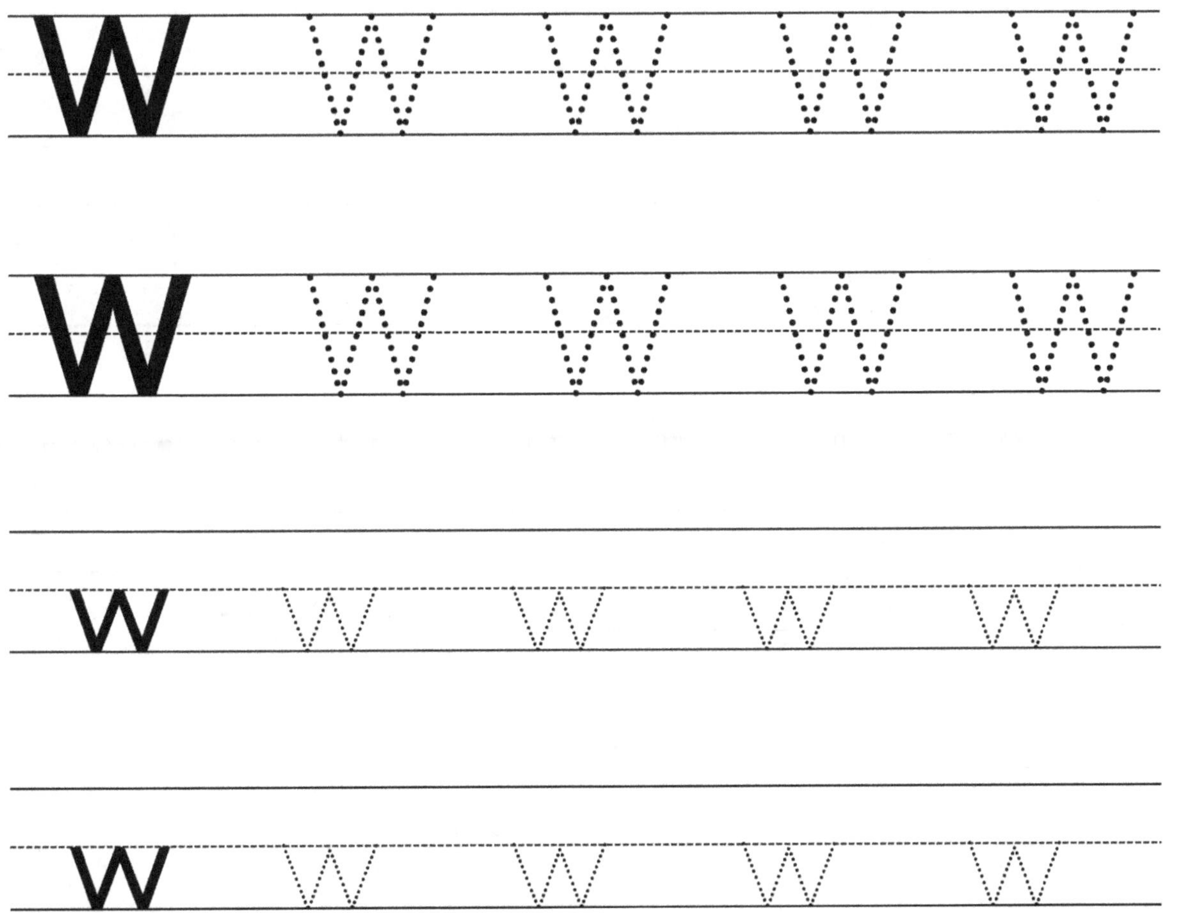

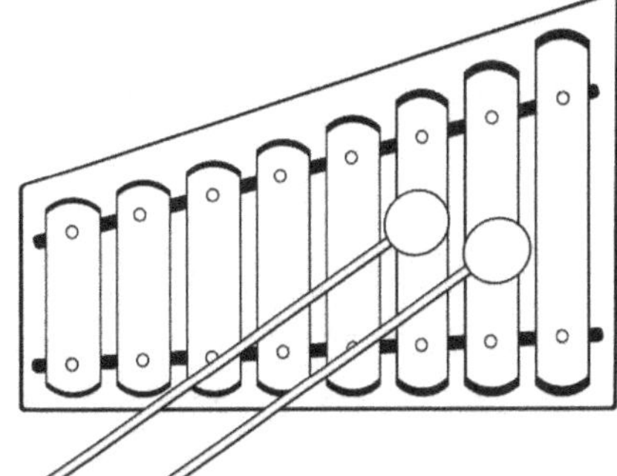

Xilófono

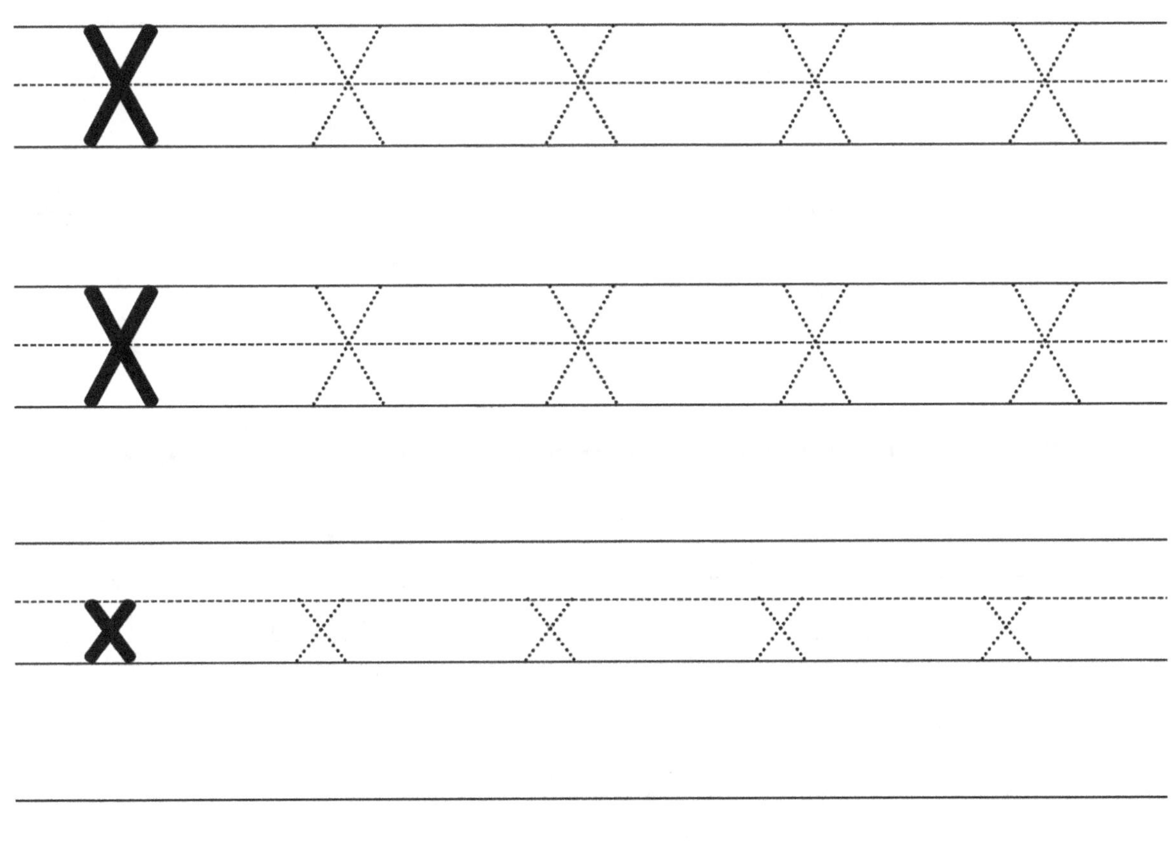

Y y

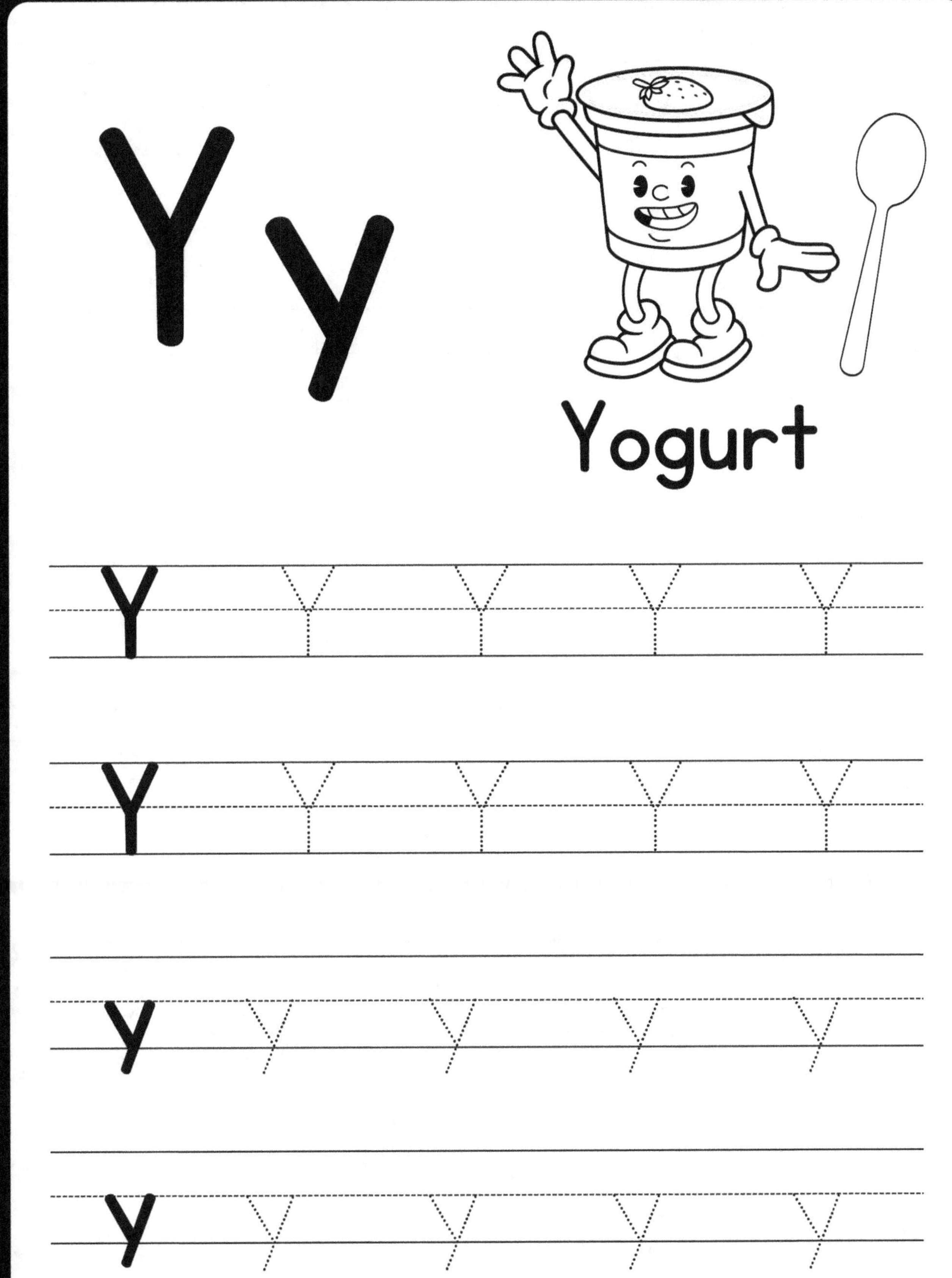

Yogurt

Y

Y

y

y

Z z

Zapatos

Z

Z

z

z

Números

1

1

Uno

2

Dos

2 2 2 2 2

2 2 2 2 2

2 2 2 2 2

2 2 2 2 2

3

Tres

3   3   3   3   3

3   3   3   3   3

3   3   3   3   3

3   3   3   3   3

4

Cuatro

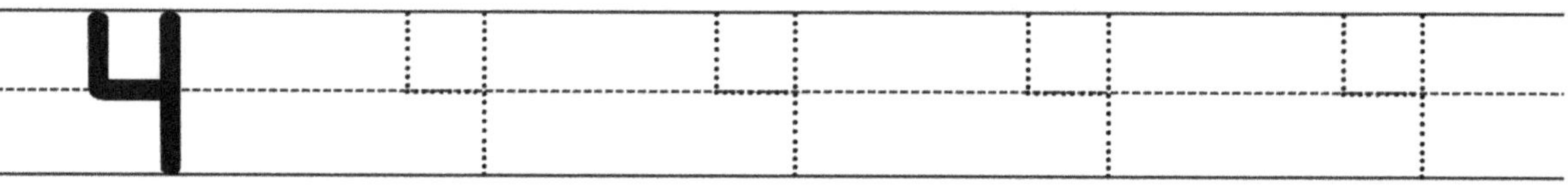

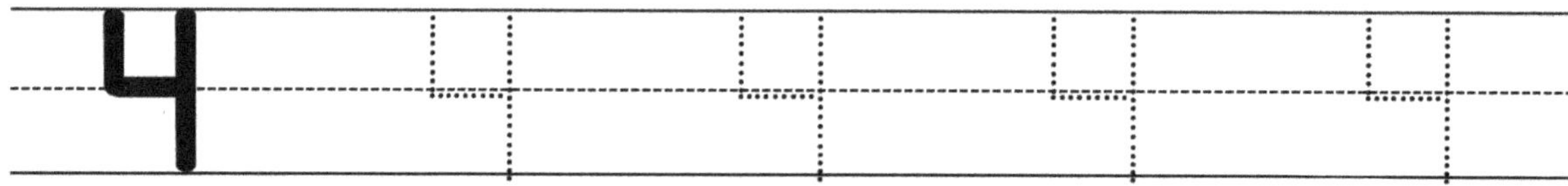

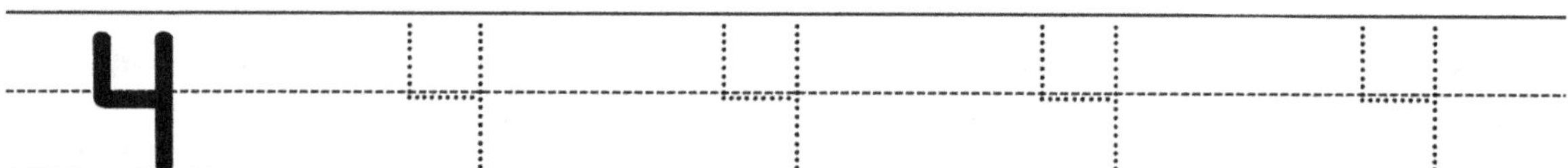

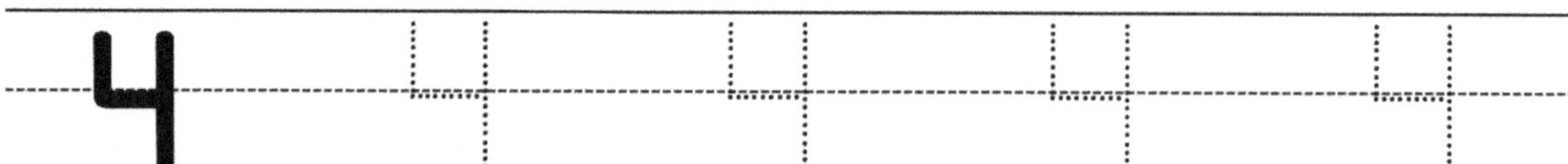

5

Cinco

5

5

5 5 5 5 5

5 5 5 5 5

5 5 5 5 5

6

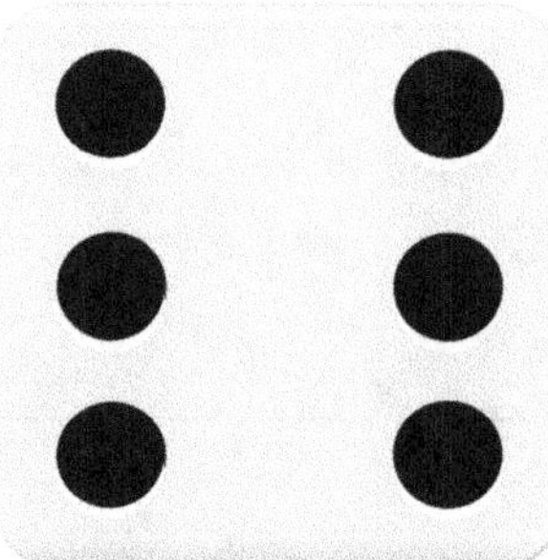

Seis

6   6 6 6 6

6   6 6 6 6

6   6 6 6 6

6   6 6 6 6

7

7

Siete

8

Ocho

8

q

Nueve

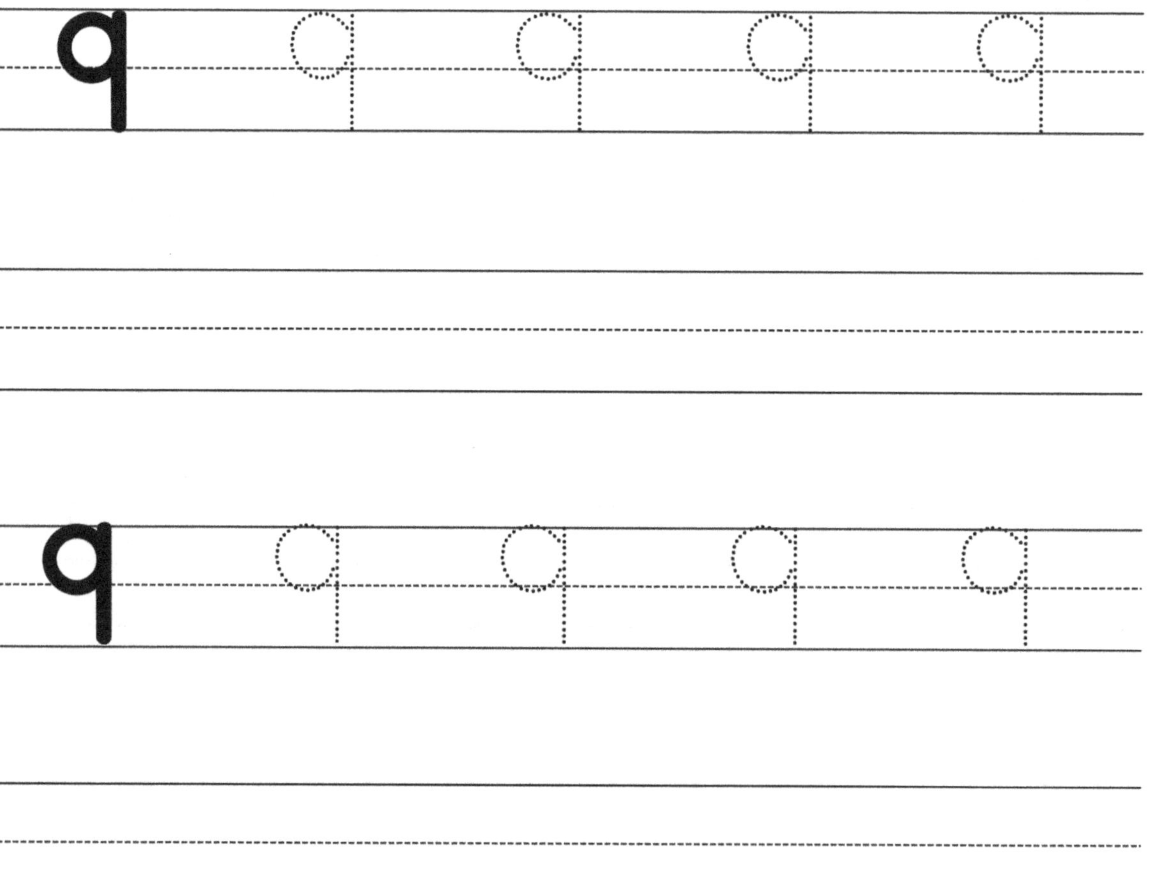

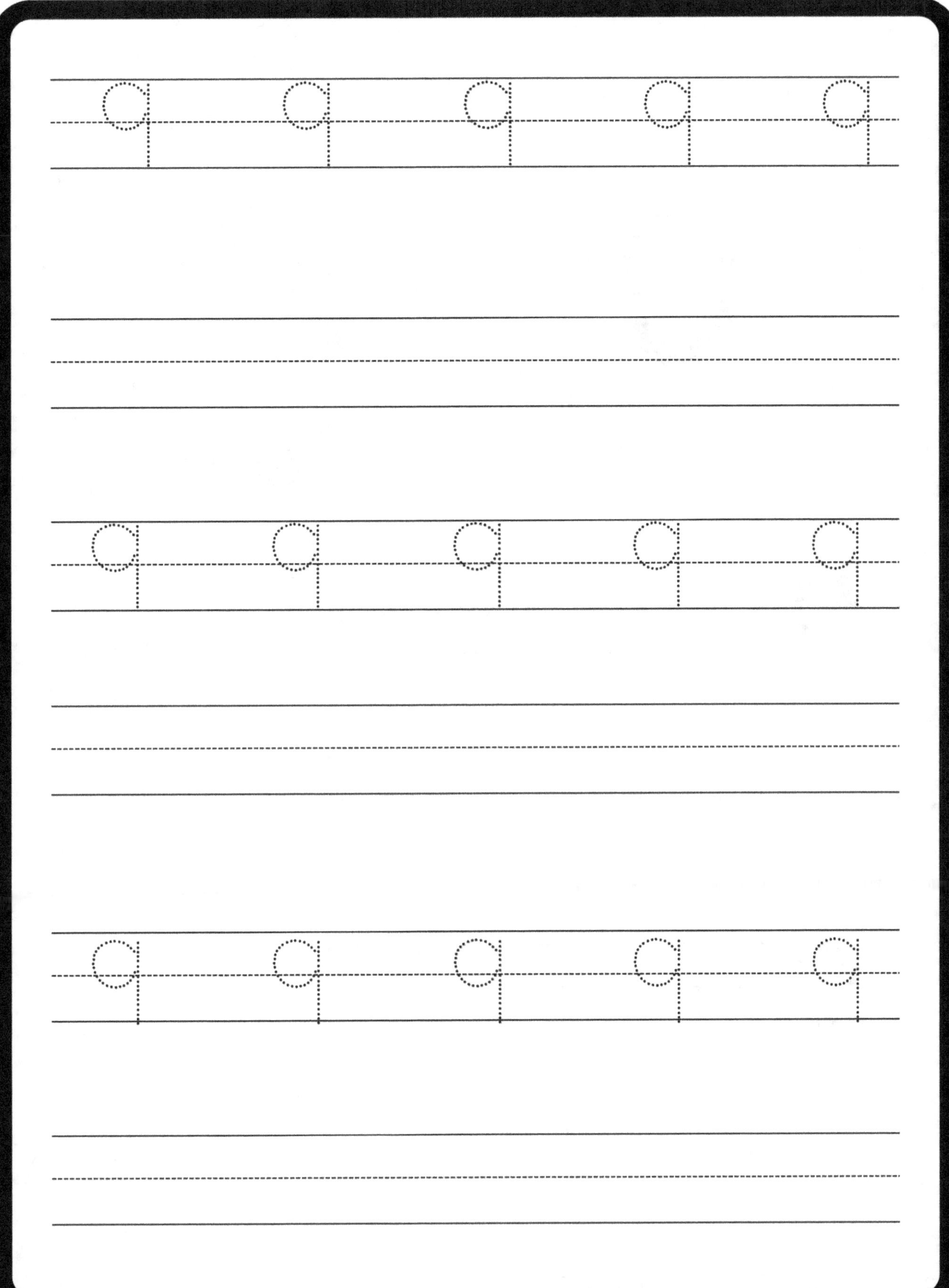

O

Cero

O

O

Hojas de Practica